겨울염전

임성화 시조집

목언예원

이 도서의 국립중앙도서관 출판예정도서목록(CIP)은 서지정보유통지원시스템 홈페이지(http://seoji.nl.go.kr)와 국가자료공동목록시스템(http://www.nl.go.kr/kolisnet)에서 이용하실 수 있습니다.(CIP제어번호: CIP2017028243)

겨울 염전

지은이 · 임성화
펴낸이 · 민병도
펴낸곳 · 목언예원

초판 인쇄 : 2017년 11월 1일
초판 발행 : 2017년 11월 11일

목언예원
출판등록 : 2003년 2월 28일 제8호
경북 청도군 금천면 선바위길 53 (신지2리 390-2)
전화 : 054-371-3544 (팩스겸용)
E-mail : mbdo@daum.net

ISBN 978-89-94733-65-4 03810

저자와의 협의에 의해 인지를 생략합니다.
2017 문화예술육성지원사업 지원을 받았습니다.

울산광역시 울산문화재단 울산문화재단

가격 : 10,000원

겨울염전

임성화 시조집

목언예원

■ 시인의 말

15년 만에
두 번째 시조집을 낸다
본연에 성실하지 못하고
문화 외도를 한 것이 사실이다
더러 들꽃 향기에 취해
꽃차를 우리기도 하고
시한으로 머뭇되던 풍경들이 아쉬워
앵글에 담기도 하고
가끔 천상의 목소리에
귀를 놓고 오기도 했다
지금에 와서 돌아보니
주위를 맴도는 것이란
웅성대는 바람 소리뿐이다
더 늦기 전에
주어진 길을 걸어가야겠다
구절초가 흔들린다

2017년 가을 태화강 상류에서
임성화

CONTENTS

겨울 염전

— 임성화 시조집

PART 03 | 은현리 당산나무 • 43

PART 04 | 쉰의 가을 • 59

01 겨울 염전

겨울 염전

고뿔 앓던 바다는 제방을 넘지 못한다
밀물이 그리운 화판 빗장을 굳게 내걸고
호황기 근육질 사내 그 가래질 생각한다

한 겹 한 겹 한지 뜨듯 하늘을 걷어내는
가래질 서걱서걱 물의 영혼 달래가며
몇 트럭 소금자루가 야적장에 쌓이고

개펄의 강철바람 절겅절겅 잘려나간
잘 닦인 유리판에 다시 끼운 원판 필름
눈썹달 메이크업하듯 구도 잡고 앉는다

함석문 틈새 바람 뼛속 깊이 들어앉아
삐걱이던 골다공증 신음하던 아버지는
쇠락한 자궁 속으로 걸어가고 있었다

자화상

새의 문장이다
잿밥에 찍힌 발자국

욕심의 생채기로
홀딱 벗고 자빠진 새

만장은 검은등뻐꾸기
제문 줄줄 읽는다

능금꽃이 피었습니다

얼음골 구부렁길 꽃뱀 되어 넘어간다
산허리 걸린 구름 두 손으로 말아 쥘 때
조생종 꽃자리마다 능금 둥둥 떠다닌다

이브의 타는 갈증 거부 못한 유혹 앞에
아담의 술래잡기 원죄를 몰랐을까
잎사귀 몇 장 따다가 그곳에다 가렸을

시집 날 잡아놓고 꽃잎으로 흩날리던
작은집 순이 언니 언약이 된 그 능금 꽃
첫사랑 키워온 아픔 주렁주렁 달고 살던

방음리*

청도 땅 운문댐을 가만가만 들여다보면
구름 한 단 졸고 있는 들머리 감나무 집
오늘은 손님 오려나 까치 깍깍 울어댄다

참숯 태워 끓인 숯물 조선솥 굽던 방음리
불매불매 불러가며 접일로 정 쌓았던
그 시절 동네 사람들 하나 둘씩 다가온다

새벽 길 종종대며 장에 간 어머니는
해 떨어져 못 오시나 물안개만 피는 언덕
호야등 들고 나온 달, 묵화 속에 잠긴다

*경북 청도 운문댐에 수몰된 부락

밥줄

동네 앞 과일가게 쭈그러진 화물차에
허리 굽은 노부부의 밥줄 같은 거미줄
지난 밤 다녀간 봄비 그네를 타고 있네

거룩한 계보

물 폭탄 내리부어 집과 길 잠식한 날
쓸려온 잡동사니 퇴적층 쌓아갔고
뿔 돋은 괴물 차바*가 물의 뼈로 일어섰다

뜬금없이 섬으로 솟은 강 건너 고층아파트
음모를 꾸며오던 수룡水龍 혀 날름날름
손바닥 함바집 위엔 조난 신호 보낸 돼지

사나흘 비매질로 천지가 눈감았다
둥둥 뜬 자동차들 종이배 놀이할 때
무쇠 발 포클레인은 악다물고 버텼다

지도 바꾼 일등공신 사라 셀마 루사 매미
태평양 또 어디쯤 살생부 펼쳐놓나
구름은 달의 분화구 스륵스륵 스쳐간다

*2016년 울산 울주에 물 폭탄을 쏟아 부은 초강력 태풍

부나방

세치 혀의 자존도 오래전 꺾이었다
조여 오는 목덜미에 두드러진 실핏줄
가뭄 끝 한 줄기 단비 이승과 저승 사이

흐린 아침 수를 놓은 가랑가랑 저 몸짓들
타오르는 불속으로 몸 던지는 부나방
피륙을 먹고 사는 일 어디 저들뿐인가

반구대 가는 길

칠천 년 전 그림책이 잠에서 깨던 날에
바위를 뚫고 나온 귀신고래 울음소리
그 길섶 입술망초꽃 희게 희게 흔들린다

사금갑*설화

연못 속 숨은 설화 연꽃으로 피고 피어
낮엣말 새가 듣고 밤엣말 쥐 들으니
서라벌 들끓는 소문 무성무성 자라네

촉촉이 젖고 젖은 철없는 눈먼 사랑
병풍을 가렸어도 현絃이 먼저 알아버린
엇박자 가슴앓이가 궁밖으로 퍼져가네

달빛이 넘실넘실 연잎의 산조를 보면
진흙 속 삭은 속죄 천년 지난 오늘에
거문고 떨림 가락에 백일홍 붉게 피네

*경주 서출지의 다른 이름

감실할머니 부처

보름달 옆구리 차고 경주 남산 오른다
바자작 발소리에 놀라 잠깬 날다람쥐
감실 속 할머니 부처 두 손 잡고 반겨준다

못 지킨 언약 하나 여기와 참회한다
흘러 흘러 달빛 세월 먼 천년 강이 되어
발치에 퍼덕인 물살 반짝임을 더한다

삼국사기 슬픈 역사 구전으로 쓰고 있는
길 따라 물줄기 따라 이름표를 달아주고
산짐승 모두 불러내 십장생을 그린다

질화로

그때 우린
즐거웠지
화롯가 둘러 앉아

들킬 것
없는 속내
허물없이 내보이며

내 생에
뜨거운 감자
호호 불며 먹었지

길

가고 온 모든 것이 길 아님이 없었다
십 문 반 내 발자국 돋을새김 남겨 놓고
긴 꼬리 혜성이 되어 먼 미지로 가고 있다

큰 무리 가창오리떼 하늘길 들며 날아
칼바람 찬 기류가 목숨줄 조였다 풀고
갈 곳은 가야한다며 끌어안는 저 몸짓

짐승처럼 드러누운 바다의 고요함도
잔잔한 뱃길 하나 내어줄 때까지는
흰 이빨 거친 파도와 밤새 사투 벌렸을

호미손

명치끝 아리도록
허리 제 때 못 펴신

어머니 호미 손은
쩍쩍 금간 거북등

오늘도
산밭 메는가
겹겹 능선 저 너머

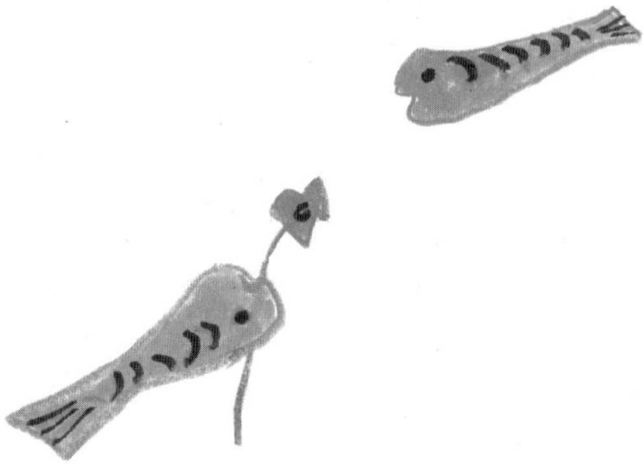

02 물 위에서 문장을 읽다

큐피터 화살

팽팽하게 당긴다
긴장된 활시위다

길고 긴 터널 속을
거침없이 뚫고 나가

자궁에 자리를 잡는
배란기의 씨앗이다

물 위에서 문장을 읽다

파르르 찰박찰박 잎파랑책 읽는다
한 페이지 넘길 때마다 떠내려간 산의 말씀
물속에 발 담근 하늘 어린 양떼 몰고 간다

백로는 다리발 세워 징검돌 건너뛴다
질펀한 물의 행간 문장은 부드럽고
침입자 감지한 피라미 자갈자갈 몸 굴린다

눈가에 붙은 졸음 반쯤은 떠내려가
혼돈의 머릿속을 헹궈드는 숲의 반란
무념의 사글셋방에 푸른 스위치 올린다

오곡도*

오곡도 몽돌밭에 숱한 사연 모여 산다
하나로 웅글어져 하늘을 내려놓고
궁굴린 파도의 등허리 둥근 해도 싣고 온다

발걸음 찰박찰박 오선지 넘나든다
접혀진 악보 다시 펼쳐드는 뱃고동
서로가 서로를 안고 돌림노래 불러간다

*통영 앞바다 작은 섬

여보 나, 외로워

"여보 나, 외로워" 고장 난 알람이다
그 끝을 따라가다 천 길 가파른 불면,
병원을 전전해 봐도 원인조차 모른다

흔들리는 베이비부머 파도처럼 너울댄다
용하다는 의사들이 하나같이 내린 처방
잘 웃고 꿈 잘꾸면서 덥석덥석 안으란다

봄이라서

아지랑이 달아오른 시장통 담벼락 안고
쑥 냉이 달래 파는 과부댁 덕산아지매
혼곤한 봄기운 탓에 거시기도 꾸물꾸물

찬거리 사러 나온 터벅머리 늙은 총각
쑥 빼면 얼만교 쑥 넣으면 얼만교
상큼한 봄나물들이 킥킥대며 돌앉는다

스쿠버 다이빙

커다란 광주리에 사과 한 알 던진다
그 사내 숨을 쉴 때 출렁이는 이파리
에덴의 동쪽 끝으로 숨어버린 그 사내

굴참나무

산이 심심할까 봐
다람쥐 기죽을까 봐

눈까풀 무거운 오후
나른한 식곤증에

툭툭툭
고봉밥 한 그릇
배달하고 돌아온다

물속 정거장

운문은 물 샐 틈 없이 적막 가둬 놓았다
면소재지 버스정거장 차표 쥔 어르신 몇
수몰 된 옛길을 따라 버스 올까 기다린다

기러기 줄을 지어 첩첩 산 넘어 갈 때
물안개 휘장 걷고 얼굴 내민 물속 마을
손 덥석 잡는 홍노인 '아이고 니 오나' 한다

까치 우는 설날 와도 세배 받을 사람 없고
행여나 소식 올까 팔 벌린 먹감나무
외로운 점멸등만이 소눈처럼 껌벅인다

역전 부근

홍등이 흔들리는 구석진 골목길에
탄력 잃은 젖가슴 생의 의미 대변하는
굽어든 미로를 따라 늙은 여인 가고 있다

질척인 세월 따라 썰물로 흘러들어
내걸린 풍경처럼 헤픈 웃음 토해내면
목이 쉰 권주가 한 소절 꺼억 꺼억 불러간다

타이어

울퉁불퉁 굴곡진 삶 수행하듯 살은 날들
휜 허리 숨 가쁜 나날 가파른 오르막길
두 눈에 안구건조증 식염수는 없었다

바퀴 탱탱 달려갈 땐 휘파람 불던 옷깃
장벽으로 가로막은 산이며 물까지도
코뿔소 우직함으로 거칠 것이 없었다

나는 늘 과속 추월 불안에 떨어야 했다
목말라 찾은 냉각수 갈증만 더해갔고
세파에 내던져진 욕망 조문하며 신 벗는다

우화

501호 간호 병동 익은 누에 살고 있다
마른 숨 몰아쉬며 가까스로 허물 벗는
한 가닥 명주실 뽑아 은빛 수의 짓고 있다

달빛 소묘

깊고 푸른 바다에 풍덩 뛰어든 알몸
아직 채 마르지 않은 수묵화를 펼쳐두고
우르르 툇마루 위로 은가루 쏟아진다

아버지 저기 저기 그래그래 아름답구나
창호에 스미지 못한 푸르른 달그림자
딸그락 문고리 잡다 마당가에 나뒹군다

굽은 골목 빠져 나간 한 무리 달 빛 뒤로
아가야 이제 자려무나 구름이 무겁구나
아버지 달 가리신다 뻐끔뻐끔 장죽 물고

겨울 암각화

어미가 새끼에게 젖 물리는 일이듯

딸아이 걸린 고뿔 생살을 도려내고

스미듯 사타구니로 흘러내린 저 꽃물

03 은현리 당산나무

격정

파도가 문을 열고
확 쏟아져 들어 왔다

어떻게 길을 알고
나를 찾아 왔을까

만월이
끌고 온 바람
사과탄을 터뜨린다

태화강 부근

잠 덜 깬 가지산에 흰 모자가 고운 아침
은빛 강 큰 대야에 생머리 감는 버들
먹 갈던 청둥오리 떼 붓질을 서두른다

철옹성 바람 뚫고 초록 대숲 들썩인다
보풀 이는 늙은 들녘 책갈피로 접어두고
수마가 할퀸 상처를 봄빛으로 읽어간다

물안개 걷힌 시야 다가선 마천루에
떴다방 현수막이 살풀이춤 추는 원경
흙 묻은 낡은 안전화 공사판을 오른다

공이란

골프는 골프 끼리
야구는 야구 끼리

딱 소리에 불꽃 튄다
짜릿한 만남이다

맞아야
둥글어지는
또 하나의 빛이 된다

껴안다

내가 널 받아줌은 한 짐 근심 부리는 일
풀리지 않는 실타래 옥죄이고 뒤틀려도
때때론 세상 무엇도 믿지 못한 약속이다

컹컹컹 하루 종일 공명통 뚫으려고
찍혀진 낙관처럼 오지랖 넓은 내게
차라리 뚫리지 마라 주문을 읊조린다

내 등짝 네 가슴에 지고 있는 삶의 무게
내일이면 내려질까 기다려온 숱한 시간
먼 길을 휘돌아 와서 소리통에 담긴다

DNA

한평생 뭉텅 연필에 침 묻혀 썼던 편지
글씨가 틀릴라치면 또 침 발라 지웠고
문틈 새 나온 빈대도 텍! 침 뱉어 잡았지

원시적 그 행위에 눈살을 찌푸렸지만
침 발라 썼던 편지 깊은 뜻 알기나 할까
뿌리며 디엔에이가 그 속에 있다는 것

고고학 길을 가는 아들놈 어느 날 문득
고대의 유물인 듯 빛바랜 서첩 꺼내들 때
혈족의 숨은 코드를 찾을 수나 있을지

금강산

장맛비 허공에서 헛발질 하는 오후
비로봉 꼭대기에 상흔 서린 반세기
먹구름 걷은 손에는 눈 귀 반쯤 열었다

갈매기 이웃바다 아침을 열어놓고
으샤으샤 오징어배 그물을 끌고 있다
하늘 땅 맞잡은 바다 벌써 하나였는데

하나의 마음

생각을 좇다 보면 뜻한 바를 이룬다지
햇빛을 모아 보면 종이도 태운다지
오로지 마음 하나면 못할 것도 없다지

보이는 그대로가 자연 그대로인걸
완전치 못한 존재 생각만 깊어지고
염원은 시공을 넘어 금 하나를 긋는다

넋을 논 천일기도 옹이 박힌 손마디에
지진도 폭풍우도 감내한 숱한 사연
보살은 백팔번뇌를 염주 알에 꿰어든다

가부좌로 앉은 자리 별빛을 닦아내며
뎅그렁 풍경 소리 해탈하는 달그림자
손끝에 불 밝혀 들고 이승 저승 오간다

먼 길 가는 연어

지느러미 빳빳 세워 푸른 물살 거슬러
용궁소 지나면서 고향 한 번 새겨보고
우뚝 선 선바위쯤에 지친 몸을 숨긴다

태화강 따스 온기 한시도 잊지 못해
만삭되어 무거운 몸 긴 여정도 마다 않고
은월산 큰 달 불러와 된 산고의 몸을 푼다

성장통

오십 줄 다다라도 철 없는 옆집 장씨
만물상 구멍가게 주야장장 비워놓고
동양화 그림에 빠져 헤어날 줄 몰랐다

짜 맞춘 붙박이장 그 같던 아내에게
몽둥이 불 뜸질로 푸른 문신 새겨놓고
우야꼬 이 추운 겨울 한데 그냥 내쳤다

우당탕 지진 같은 막장이 끝나서야
생의 끈 잡는 법을 처음으로 배웠단다
족쇄를 채웠던 아내 끌어안아 통곡 한다

은현리 당산나무

몇 대를 천식 앓는 미이라 동구 할배
그나마 가슴 한켠 딱따구리 집 내주고
아직도 감감 먼 소식 눈 못 감고 버틴다

책으로는 못다 쓴 마을의 묵은 전설
개화기 설핏 눈뜬 안개에 길을 잃어
일시에 덮쳐온 해일, 말도 글도 쓸려갔다

화사한 옷을 입고 거울 앞에 내가 선 듯
팔랑팔랑 푸른 하늘 꽃나비 날던 날에
저 할배 아린 가슴은 달빛 한 줄 박힌다

꽃잎, 눈물을 빤다

첫돌박이 막내딸 호열자로 죽던 날
애장골 너덜경에 돌탑 하나 세웠다
피보다 붉은 참꽃이 옥계석을 이룬다

낮거리

안개 낀 처용암에 하현달 숨어든다
둘은 네 것이요 둘은 뉘 것이뇨
개운포 무대 위에서 입춤 펼쳐 보인다

장 담그는 날

손 없고 볕 좋은 날 간장 된장 담근다
개펄의 저녁 안개 빈 독 가득 쓸어 담아
만 갈래 주름 켜켜이 파도를 담는다

콩꼬투리 톡톡 튀는 맵고 짠 그 언저리
뚝배기보다 장맛이라던 당신의 한 말씀
'아가야 티가 쓸어야 장맛이 제 맛인 겨'

우글우글 군상들 독 가득 넘쳐나는
튀밥처럼 부풀려진 상처의 꽃구름은
검푸른 곰팡이 위에 햇살 한 줌 앉는다

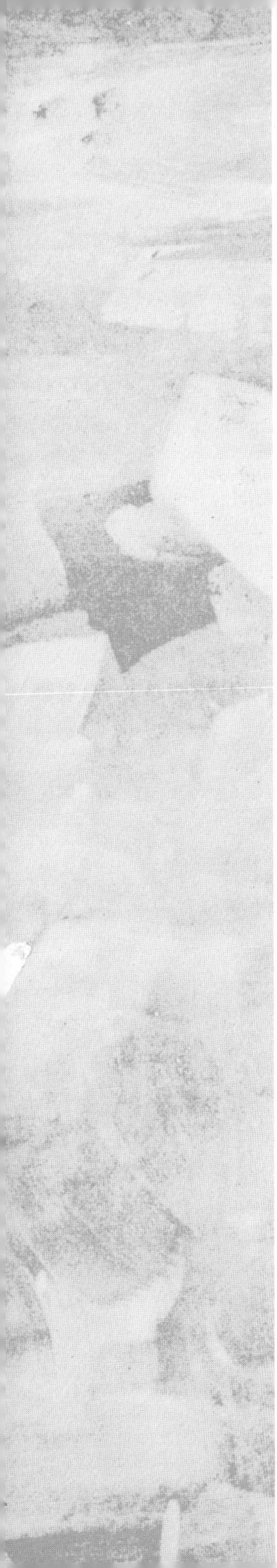

04 산의 가을

수화꽃

언양시장 한 모퉁이
국화빵 굽는 부부

설운 앙금 꼭꼭 채워
목숨 줄로 구운 세월

구공탄 뚫린 구멍에
피워내는 수화꽃

부치지 못한 편지

숨 막히는 긴장 뒤로 솟구치는 섬광
책 대신 총을 잡은 학도병* 일흔 한명
서로를 마주보면서 주먹 꽉꽉 쥐었다

운동장엔 호각 대신 인민군의 따발총 소리
혈육마저 갈라놓은 찢겨진 하늘 한 쪽
철모는 주인 잃은 채 봉분처럼 뒹굴었고

어머니 오늘밤이 마지막 될 것 같아요
그리운 당신 품에 편지 한 장 띄웁니다
흘린 피 자국자국에 무궁화는 피겠지요

*6 · 25 때 포항여중 전투

고향 옛집

돌각단 돌고 돌아 엄마 하고 불러 대던
화들짝 맨발 먼저 달려와 빗장 열던
지금은 바지랑대에 잠자리만 졸고 있네

장독대 접시꽃이 다소곳 고개 숙여
자잘한 웃음으로 손톱에 꽃물들이던
옛정취 그대로인데 세월만이 고여 있네

칠불암에서

볼 것 못 볼 것 다 봤다는 듯
돌아앉은 남산 석불

아직도 덜 깨친 도
눈 지긋 감았다가

젖무덤
봉분 틈새로
신라 달 설핏 훔쳐본다

쉰의 가을

벼포기 잘린 들녘
그 황량한 모습 같은

까칠한 얼굴 가득
산그늘로 드린 기미

구겨진
파지 펴지 듯
가마우지 날고 있다

운강석굴*

은폐된 석굴에서 몸 숨겨 살은 날들
백악기 익룡들도 밑그림만 남겨 놓고
초록빛 광채를 지닌 지구별 돌고 돌아

윤회며 설법이며 달빛 물든 신화까지
행적을 새겨 넣은 그들만의 점묘 기법
꿈틀댄 사암 비집고 진화하는 빠른 부식

화음법 석불군상 깨달음 꽃피운다
상형문자 언어들로 암호를 주고받는
해와 별 명찰로 달고 사바세계 들고 있다

*중국 산서성에 위치한 세계적 석굴

소나무의 변

전기톱 날선 칼날
통곡소리 요란하다

재선충 베인 육신
다비식 서두르고

산안개 머리를 풀고
문상객을 맞이한다

신라 장군 이사부

신라 지증왕 시절 어명 받은 이사부는
전함에 돛 펼치고 뒷바람 불게 하여
우산국 품에 안으려 큰 파도와 싸웠지

무지를 깨우느라 목우사자 앞세우고
내리친 불호령에 용서 구한 그들 위해
해상왕 뱃길을 열어 부국 꿈을 키웠고

뭍에서 백삼십 킬로 울릉도로 거듭나고
거느린 부속 독도 영토 알린 수호신
장군의 투구 끝에서 태극기가 펄럭인다

석굴암에서

눈 감고 가부좌 튼
부처님 콧잔등에

왕파리 한 마리가
손발을 비벼댄다

나 또한
그 파리 앞에
머리 가만 조아린다

초롱꽃

산안개 벽지 바르고 새소리로 풍경 달고
연초록 잎새 문양 커튼으로 바꿔 달면
연출한 저녁 분위기 불빛마저 따습다

오솔길 나붓나붓 아침 숲 걸어보면
한 줄 빛 희뿌옇게 영사기를 돌린 햇살
골짝엔 오색딱따구리 목탁 쩡쩡 쳐댄다

산문 앞 마중 나온 동자승 꼬마 손이
솔잎차 끓여놓고 엄마를 기다린다
산등성 숨 가삐 넘는 풀빛 닮은 저 낮달

운문호가 내려다보이는 방

어허야 어허어허 꽃가마 둥실 타고

저쪽 나라 가시더니 몇 해 감감 소식 없다

달빛이 내린 밤이면 머리 빗는 어머니

티눈

한 귀로 흘려보낸 어머니의 쓴 충고가
시간이 지날수록 살 가시로 돋아났다
걸음을 옮길 때마다 콕콕 찔러 따라온다

마리미에서

저무는 가을볕에 강울음 소리 들어 보라
쓰러지는 갈대밭 일어서다 부서지는
발등을 적신 물소리 찰박찰박 물레 잣고

하얀 기억 되살아나 판화로 돋은 낮달
내 맘속 노를 저어 그대 생각 삐걱대고
아직도 못 부친 사연 물비늘로 파닥인다

05 등짝

운문산 가을

일몰에 자지러지던 운문사 쇠북소리
내 고향 운문산세 학춤 추다 나래 접고
살며시 내린 산그늘 시냇물을 끌고 간다

이 가을 어디쯤에 내 삶도 물이 드나
어쩌지 못한 그리움 어머니 보고 싶소
불효를 대신해 우는 부어 오른 갈대 울음

보내고 맞이함이 한 그루 나무 같고
왔다 가는 인연 한 장 낙엽이라 해 두면
봄은 또 저만치에서 새싹 틔워 다가온다

양남 주상절리

배불리 못다 먹고 죽은 귀신 있었나보다
갈매기 상차리고 물안개 향피우고
부채 쫙 펼쳐든 무녀 밤낮 없이 굿을 한다

저 억 만년 그전부터 행해진 의식일까
번뜩이는 날쌘 파도 칼춤을 추어댄다
염원을 접고 접어서 소지 사룬 저녁 놀

너도바람꽃

바람은 바람이었다
누구도 막을 수 없는

좋은 걸 어떡하니
바람이 날 수밖에

사랑은
정답이 없다
너도 나도 바람꽃

무무무무

햇살이 꾸물꾸물 잠 깨운 둥지에는
허공을 더듬다가 몸 뒤채는 흰 새 있다
목련꽃 흐드러진 날 숭숭 피는 검버섯

별자리 찾아 떠난 기러기 순례 같은
꾸억꾸억 울음 너머 날갯짓 터는 소리
던져둔 조선낫 하나 햇살 걸어 올린다

구급차 빠져나간 적막 굽은 골목길로
펄럭이던 꽃받침이 무무무무 날아가고
웅크린 어둠의 눈빛 목련가지 걸린다

먼나무

제주에 와서 알았다 무슨 나무인가를

눈웃음 붉은 입술 옷자락은 녹색이고

모두가 낯설다지만 나에게는 그리움

밥상머리

오랜만에 집에 온 객지나간 아들 녀석
그동안 제대로 밥이나 먹었나 싶어
김 모락 하얀 쌀밥에 소고깃국 차렸다

밥숟갈 뜨기는커녕 젓가락만 휘휘 젓는
“더도 말고 덜도 말고 너 같은 자식 낳아라”
어머니 그 말씀 들이 마음밭 갈아엎네

등짐에 남매 지고 천수답 경작 하며
쩌억쩍 황소 혓바닥에 메밀이니 수수니
까막눈 뜨게 했었지 끼니 겨우 면했었지

배불러 터질 듯한 윗마을 큰댁 뒤주
“밥마이 묵거레이 밥마이 묵거레이”
큰 엄마 가자미눈에 그 무엇이 담겼을까

애벌로 깎아냈던 보리쌀 닮은 눈물
포실한 밥알갱이 목구멍 넘지 못하고
운문재 꼭대기쯤에 꿀밤으로 굴러간다

평행선

평행으로 달려간다
꼭지 점에서 만나자는

점
점
점
선과 선 사이
무한량 다가가도

바람은
한낱 꿈인가
잡히지 않는 사랑아

어떤 풍경

달동네 1004번지 거미줄 걷어내고
연탄차 부릉부릉 힘겹게 기던 골목
저 지대 마천루 빌딩 바지랑대 되었다

등짝

한 사내 둥근 등짝 퍼즐게임 하고 있다
싸– 하는 파스쪼가리 요리조리 맞춰 가면
막혔던 혈맥 하나가 욱신욱신 거린다

위협적 토네이토 철밥통 날아갔다
천만근 쇠뭉치 얼어붙은 비정규직
파스가 들어 갈 틈을 좀체 주질 않는다

그랬었다 한 때는 두레밥상 둘러앉아
따뜻한 시선 속에 웃음 나눈 시간들
며칠을 붙였다 씹는 껌딱지도 즐거웠다

우포늪

길 위에 버린 한 생 지쳐서 널브러져
불분명한 죄명으로 유배 온 우포늪에
수장을 서두르는 일몰 살과 뼈를 묻는다

씨받이 가시연꽃 금불초로 몸 가리고
호위무사 자청하는 물방개 소금쟁이
짝 짓는 각시붕어가 수초 사이 헤집는다

오가는 길손들이 생각 무성 자라난다
퐁당퐁당 돌 던지며 소리 꽥꽥 질러 되는
간담을 싹 쓸어내린 무당개구리 한판 굿

보길도

자욱한 안개에 갇혀 떠 있는 전설 같은
제 스스로 둥글어진 몽돌 같은 환상의 섬
그 섬에 다시 가고파 밤낮 귀에 철썩인다

바다가 하늘에 닿아 뱃길 열어 보이는
고산은 신필 들어 안개를 화선지 삼아
멀찍이 두고 보라고 선 하나를 그었다

폭우 지나고

하늘은 순식간에 반역을 도모했다
눈과 귀 틀어막고 사방팔방 퍼붓더니
멀쩡한 군장도 버린 채 산 너머로 물러났다

모로 누운 잠자리는 악몽을 썰어댄다
강물에 펼친 거울 밑그림을 그리고
저 수면 푸른 무지개 경 한 줄 읽어준다

흙탕물 생채기에 구멍 뚫린 담장 아래
허리 꺾인 구절초 활짝 웃는 꽃가지
가을을 목에 두르고 외출을 서두른다

슬도에서

물속의 저 거문고 신선들의 악기였나
태백정맥 끝자락에 홀로 앉아 줄 고르는
갈매기 혀 짧은 모창 추임새도 절창이다

수평선 쪽빛 너머 무시로 성을 쌓는
힘줄 솟은 붉은 아침 고래 등 타고와선
입속에 돋친 가시를 하나 둘 발라낸다

물질하는 해녀들의 숨비 소리 가쁜 시간
흰 등대 앞에서면 신음도 절창 되나
오늘밤 초승달 내려 알몸으로 춤추겠다

06 작품해설

응시를 통한 세상읽기와 마음에서 길 찾기

/민병도

응시를 통한 세상읽기와 마음에서 길 찾기

민 병 도 | 시인, 한국시조시인협회 이사장

1.

시인 임성화는 뜨거운 가슴의 소유자이다. 우선 1999년 매일신문 신춘문예로 등단한 시조시인이며 시낭송가이며 꽃차에 일가견을 지닌 차인茶人이며 사진과 야생화 마니아이기도 하다. 뿐만 아니라 한 때는 동시와 자유시에까지 공부의 반경을 넓혔으니 실로 그의 다양한 열정은 가늠하기가 어렵다.

물론 이같이 다양한 관심은 자신에 대한 애정에서 비롯되었을 것이다. 자신의 삶이 지향하는 목적지로 나아가는 이유 있는 수단으로 생각하였을 것이기 때문이다. 보다 많은 수단과 보다 많은 방편들을 구하여 유사시에 대비하고자 하는 마음가짐 때문일 것이다. 비록 그것이 시조라는 정형시학이던지 꽃을 말리는 제다製茶나 차를 마시는 행다行茶라도 다를 바가 없다. 그것이 흙을 일구는 농사일이거나 야생화의 식생에 관한 지식이라도 그 궁극적인 쓰임에는 하등의 차이가 없다. 그것이 시조를 위한 시조가 아니고 차를 위한 차가 아니었으니 하나같이 자아自我의 실현수단일 따름이다. 그러니 결과적으로 가슴을 뜨겁게 달구었던 까닭이 자신의 삶에 대한 애정이 아니고 무엇이랴.

이처럼 다양한 시도와 추구는 젊음과 건강이 가져다주는 축복에 다름이 아니다. 보다 다양한 지식을 습득하고 새로운 경험을 통하여 풍부한 자양분의 흙을 만든다면 가꾸고자 하는 식물들의 생장에 절대적인 요인이 될 것이다. 그런데 여기엔 한 가지 전제조건이 따른다. 이 같은 지식과 경험들 속에 기생하고 있는 논리나 플라세보 같은 독소들을 제거하지 않으면 안 된다는 점이다. 가상운전은 어디까지나 연습에 불과하기 때문이다.

임성화는 이미 이순耳順의 연치에 가까워졌다. 이제는 분명하고 또렷한 자신의 목소리를 내어 놓아야 하는 시간대에 당도한 것이다. 이 소중하고 의미 있는 지점에서 그는 다시 한 권의 시조집을 묶었다. 물론 2002년『아버지의 바다』이후 지금까지의 길었던 방황을 끝내고 제자리로 돌아온 보고서라는 의미여서 기대 또한 자못 크다.

2

그의 두 번째 시조집 『겨울 염전』은 무려 15년 만에 상재하는 만큼 긴 시간이 가져다준 임성화의 심적 변모가 고스란히 담겨져 있다. 우선 소재의 다양성이 눈에 띈다. 그럼에도 불구하고 많은 작품들 가운데 작금의 기준으로 자선한 것이어서 심리적 갈등보다는 견지자적 시각에서 물상을 바라보는 안정감이 두드러져 보인다.

그 가운데서도 마음으로 보는 형이상학적 세상읽기의 소재의 작품들이 먼저 시선을 잡아끈다.

고뿔 앓던 바다는 제방을 넘지 못한다
밀물이 그리운 화판 빗장을 굳게 내걸고
호황기 근육질 사내 그 가래질 생각한다

한 겹 한 겹 한지 뜨듯 하늘을 걷어내는
가래질 서걱서걱 물의 영혼 달래가며

몇 트럭 소금자루가 야적장에 쌓이고

개펄의 강철바람 절겅절겅 잘려나간
잘 닦인 유리판에 다시 끼운 원판 필름
눈썹달 메이크업하듯 구도 잡고 앉는다

함석문 틈새 바람 뼛속 깊이 들어앉아
삐걱이던 골다공증 신음하던 아버지는
쇠락한 자궁 속으로 걸어가고 있었다
—「겨울 염전」 전문

이 작품은 〈성파시조문학상〉 수상작이기도 하고 이번 시조집의 표제작이기도 하다. 따라서 시인 스스로도 의미를 부여한 것으로 읽혀진다. 제목에서 즉시한 대로 여기에 등장하는 시의 현장은 겨울 염전이다. 햇살이 좋은 여름 성수기를 지난 겨울 염전에 임성화가 주목한 까닭은 물론 결핍이다. 치명적으로 줄어든 일조량도 그렇지만 겨울철에는 소금의 수요마저 뚝 끊어지게 된다. 그렇다고 바닷물을 끌어다 소금을 만들어내는 어기찬 노역을 그만둘 수는 없는 것이 아닌가.

이 외지고 모진 삶의 주인공으로 등장하는 '아버지'는 우리 모두의 아버지가 아니겠는가. 마치 흑백영화의 한 장면처럼 칼바람 들이치는 겨울바다와 삐딱하게 스러져가는 수평선의 기억을 우리 모두에게 일깨워주고 있다.

우선 첫 수를 보면 "고뿔 앓던 바다는 제방을 넘지 못"하는 욕망이 차단된 계절과 "밀물이 그리운 화판 빗장을 굳게 내"건 바다의 상황이 을씨년스럽게 다가온다. 그런데 그 무대의 중심에는 비록 지금은 상상하기조차 어렵지만 "호황기 근육질 사내"가 있었음을 알려준다. 그리고 "몇 트럭 소금자루가 야적장에 쌓이"던 호황기의 장면들이 실루엣으로 둘째 수를 스쳐간다. 그런데 셋째 수에서는 "잘 닦인 유리판에 다시 끼운 원판 필름" 위에 "눈썹달 메이크업하듯 구도 잡고 앉는" 한가한 시간으로 돌아오는 공간을 포치하고 있다.

그리고 마지막 수에 오면 지금까지의 공간과 시간의 배면으로 물러난 주인공의 현재를 오버랩 시켜 한 인간의 치열한 삶의 뒷모습을 재생시켜 놓는다. "삐걱이던 골다공증 신음하던 아버지는/ 쇠락한 자궁 속으로 걸어가고 있었"던 것이다. 그런데 왜 하필 "쇠락한 자궁 속으로 걸어가고 있었다"고 종결 지웠을까. 이는 아마도 '자궁'이라는 생명의 근원지를 선택함으로서 생멸에 깃든 영성靈性의 의미를 부각시키고자 하는 의도가 아닌가 여겨진다. 생명의 끝은 생명의 시작과 하나로 닿아있기 때문이다. 끝까지 긴장감을 견지한 은유가 돋보이는 작품이다.

같은 맥락의 접근 방식이면서도 보다 더 내밀한 사색의 기저를 보인 다음과 같은 작품도 눈여겨 볼만하다.

파르르 찰박찰박 잎파랑책 읽는다
한 페이지 넘길 때마다 떠내려간 산의 말씀
물속에 발 담근 하늘 어린 양떼 몰고 간다

백로는 다리발 세워 징검돌 건너뛴다
질펀한 물의 행간 문장은 부드럽고
침입자 감지한 피라미 자갈자갈 몸 굴린다

눈가에 붙은 졸음 반쯤은 떠내려가
혼돈의 머릿속을 헹궈드는 숲의 반란

무념의 사글셋방에 푸른 스위치 올린다
—「물 위에서 문장을 읽다」 전문

앞의 작품이 바다를 소재로 하였다면 이 작품은 강물을 그 대상으로 하고 있다. 시인은 지금 강물을 바라보면서 보다 깊은 사유의 촉수를 드리우려고 노력중이다. 수면 아래 반영된 숲이며 산이며 하늘의 변화가 지닌 의미를 생각하고 먹이사슬에 얽힌 피라미와 백로의 대응관계를 추적하고 있다. 어쩌면 노자老子의 '무위자연'에서나 읽었음직한 '무위'의 한 진경 속으로 자신을 밀어 넣고 싶은 갈망일지도 모른다. 그리고는 제목마저도「물 위에서 문장을 읽다」로 명시하였다.

우리가 흔히 책을 지식의 저장고로 이해하고 책 읽기를 통해 지식을 흡수하려고 노력한다. 그런데 여기서는 물처럼 책이 아니고도 읽을 수 있는 것이 많이 있고 책과 또 다른 풍부한 자양분이 있다는 가정을 전제하고 있다. 실제로 책에는 많은 지식이 담겨 있다. 하지만 그 지식이란 지금까지 밝혀진 사실로 과거형 검증시스템이라는 점을 간과해서는 안 된다. 정작 우리가 필요로 하는 삶의 에너지는 과거의 지식을 근간으로 한 미래지향적 지혜에서 공급되기 때문이다. 그런 관점에서 책이 아닌, 물 위에서 문장을 읽어내는 행위야말로 지혜의 창조적 순기능이라 할 것이다.

이 작품의 구성면에서 접근해보면 첫 수 에서는 "파르르 찰박찰박 잎 파랑 책 읽"으면서 물속에 비쳐진 시각적 물상들의 평화로운 모습을 소개하는 안내로부터 출발한다. 그리고 둘째 수에서는 "백로는 다리발 세워 징검돌 건너" 뛰고 "침입자 감지한 피라미 자갈자갈 몸 굴"리는 먹이사슬의 대립구도로 시계를 좀 더 확장시켜 놓았다. 만약 책을 읽듯이 읽지 않고 일상적으로 스쳐만 보았다면 놓칠 수밖에 없는 장면이다. 여기까지만 해도 그저 평이한 소재에 평이한 접근에 지나지 않는다. 정작 이 작품의 핵심은 셋째 수의 행간에 숨겨져 있다. "눈가에 붙은 졸음 반쯤은 떠내려가" 버린 것이다. 평소에 책을 읽을 때라면 오히려 눈가에 졸음이 몰려왔을 터인데 "혼돈의 머릿속을 헹궈드는 숲"이 있어서 차라리 더 맑아졌기 때문이다. 잠시나마 자연의 섭리에 잇닿은 머릿속이 맑고 깨끗한 상태로 바뀌었던 것이다. 자, 그렇다면 이 자연이 준 명쾌한 질서를 통해서 시인은 과연 어떤 선택을 할 것인

가. 임성화의 선택은 바로 "무념의 사글셋방에 푸른 스위치 올"리는 일이었다. 여기서의 '무념'은 '무욕'이나 '무상'의 또 다른 선택지였으리라 여겨진다. 불필요한 욕심을 비우고 자연의 질서에 순응하는 방법으로 "푸른 스위치"를 올리는 것이다. 종장 하나가 지닌 함축미와 반전이 얼마나 큰 맥놀이를 일으키는지를 보여준 가작이라 하겠다.

3

시조는 외형적으로 우선되는 변별력이 가장 큰 장르의 특징이다. 그리고 그 기본 구조에는 단형시조가 자리한다. 물론 고시조에 연시조가 없는 것은 아니지만 단시조는 시조 천년의 역사를 관류하는 중심축이었다. 그러나 자유시의 유입에 맞서 의도적으로 연시조를 장려한 결과는 오늘과 같이 연시조 중심의 양상으로 바뀌고 말았다. 문제는 이렇게 연시조 중심으로 서술구조가 길어지면서 시조 본래의 정제성이나 율격미가 쇠퇴하고 있다는 점이다. 최근에는 그런 사조를 염려하는 이들에 의해 단시조 중심의 시조 건강성 회복운동이 전개되고 있기도 하다.

임성화의 이번 시조집에도 많은 비중의 단시조가 수록되어 있다. 이번 단락에서는 주제나 소재가 아니라 단시조라는 양식적 특색만으로 몇 편을 골라서 읽어 보고자 한다.

> 눈 감고 가부좌 튼
> 부처님 콧잔등에
>
> 왕파리 한 마리가
> 손발을 비벼댄다
>
> 나 또한
> 그 파리 앞에
> 머리 가만 조아린다
>
> –「석굴암에서」 전문

이 시제에 등장하는 낱말과 물상의 구조는 지극히 단순하다. 거룩한 석굴암 부처 앞에서 머리를 조아리는데 마침 "부처님 콧잔등에/ 왕파리 한 마리가 손발을 비벼"대고 있는 것을 발견하게 된다. 얼핏 생각해

보면 내가 저 놈의 파리에게 머리를 조아린 꼴이 아닌가라는 생각이 들 수 있다. 은근히 화도 나지만 그 작은 분별 하나가 무슨 의미랴 생각하고 덮어버린다. 이 작은 한 순간의 장면을 독자에게 전해주고 정작 화자는 아무런 메시지를 강요하지 않는다. 다만 독자들의 생각 속에 웅숭깊은 물음을 남겨 놓는다.

이 작품을 읽으면 불교의 화엄경에서 말하는 '일체유심조一切唯心造' 즉 '세상의 모든 일은 마음먹기에 달려있다'는 핵심사상의 사례법문 같은 느낌을 받게 된다. 같은 것을 보는 데에도 보는 이의 생각에 따라 다르게 보일 수 있다는 것이다. 이를테면 마음속에서 지어내는 생각에 따라 모든 분별이 형성되기 때문이다. 이 '일체유심조'를 가장 절실하게 깨닫고 실천한 사례로 우리는 흔히 원효 스님의 경우를 꼽는다.

원효 스님이 의상 스님과 함께 공부를 위해 중국으로의 유학길에 올랐다. 백제의 옛 땅을 통해 뱃길로 중국으로 가는 도중에 날이 저물어 무덤 속에서 잠을 자게 되었는데 밤중에 목이 말라 바가지에 있는 물을 맛있게 마시고 잠이 들었다. 아침에 일어나 보니 간밤에 마신 물은 사람의 해골에 고인 물이었던 것이다.

원효는 너무 놀랍고 역겨운 나머지 구토를 하다가 문득 '모든 것은 마음이 만드는구나'라는 깨달음을 얻게 되었다. 밤중에 달게 마실 때나 구역질이 날 때나 해골에 담긴 물은 전혀 달라지지 않았다. 달라진 것이라곤 오직 자신의 마음이라는 것을 깨닫고 '일체유심조'의 진리를 품에 안을 수 있었던 것이다. 그리하여 당나라 유학을 포기하고 국내에서 정진을 거듭하였다. 비록 이 같은 대각을 발견한 것은 아니지만 부처를 세운 의미가 바로 이처럼 작은 분별에 흔들리지 않은 마음가짐임을 공유하고자 한 작품이다.

> 안개 낀 처용암에 하현달 숨어든다
> 둘은 네 것이요 둘은 뉘 것이뇨
> 개운포 무대 위에서 입춤 펼쳐 보인다
> –「낮거리」 전문

이 작품에는 '처용암'이나 '하현달', '개운포'라는 구체적이고 사실적인 의미의 단어가 동원되고 있음에도 명징한 화면이 다가오지 않는다. 마치 몇 개의 장면들이 오버랩 되었거나 실루엣만 남은 영상처럼 몽롱한

분위기를 연출하고 있다. 그것이 시인의 의도에 의한 연출인가, 아니면 섣부른 비약인가는 여기서 중요하지 않다. 마치 반추상의 그림처럼 여러 갈래의 생각들을 이끌어내고 있다는 점에서 독자들의 주목 끌기에 성공하였기 때문이다.

'낮거리'는 달리 해석하려해도 '낮에 하는 성행위'라는 사전적인 범주를 크게 벗어나지 못하는 낱말이다. 그 제목이 주는 연상을 따라가면 처용설화와 처용무가 갖은 상상력을 자극하게 된다. 익히 아는 사실대로 처용은 〈삼국유사〉에 등장하는 용왕의 아들이다. 나라의 정사를 도우라고 보낸 처용에게 헌강왕은 미인을 아내로 삼게 해 예우하였다. 그런데 질병을 전파하는 역신疫神이 처용의 아내에 반해 사람의 모습으로 변장하고 처용의 아내와 동침을 해버린 것이다. 처용이 뒤늦게 돌아와 보니 잠자리에 두 사람이 누워 있는 게 아닌가. 처용은 뛰어 들어가 멱살을 잡고 싸움을 벌이는 대신 밖에서 조용히 노래 부르며 춤을 추었다.

"서라벌 밝은 달에/ 밤들이 노닐다가 들어와/ 자리를 보니/ 다리가 넷이로다." 그리고는 조용히 물러났던 것이다. 역신은 이에 감화되어 처용에게 무릎을 꿇고 "앞으로는 당신의 얼굴만 그려져 있어도 그 집에는 절대로 들어가지 않겠다"며 사라졌다. 그 뒤로 집안에 질병을 몰아내기 위해 처용을 그린 부적을 문 앞에 붙이기 시작했다는 내용이 처용설화의 요지이다. 그런데 이 작품에서는 개운포의 안개와 하현달이 연출하는 입춤의 몽환적 유혹 앞에 처용의 안타까운 속내를 대신해 위로와 화해를 건네주고 있다.

앞의 두 작품이 역사적 현장을 배경으로 삼았다면 현실적 삶의 현장을 배경으로 한 작품들도 적지 않다.

동네 앞 과일가게 쭈그러진 화물차에

허리 굽은 노부부의 밥줄 같은 거미줄

지난 밤 다녀간 봄비 그네를 타고 있네

–「밥줄」 전문

"동네 앞 과일가게 쭈그러진 화물차"라는 일상에서 흔하게 마주치는 광경 가운데 하나다. 중요한 것은 그 광경에 있는 것이 아니라 사소한 장면 하나에도 허투로 지나치지 않고 의미부여를 하고 있다는 데 있다. 무심하게 지나쳐버리게 되는 이 장면에서 작은 시적 동기요인을 발견하고 거기에 삶의 진정성을 찾고자 한 자세만큼은 흔한 것이 아니다.

이 장면에서 임성화가 함께 한 공감대는 물론 소외되고 결핍된 삶의 한 단면이다. "쭈그러진 화물차"와 "허리 굽은 노부부", "밥줄 같은 거미줄"이 지닌 대체적인 이미지는 동정을 이끌어내기에 적당한 요소들이다. 화물차에 거미줄이 쳐져 있으니 어딘가 정상적인 활동이라고 보기는 어렵겠고 게다가 "지난 밤 다녀간 봄비"가 그 거미줄에서 "그네를 타고 있"으니 을씨년스러운 모습이다.

그런데 어째서 제목을 「밥줄」로 붙였을까. 여기에 반전의 이중성이 숨겨져 있다. 노부부의 밥줄로만 보면 거미줄이 쳐있지 않아야 하는데 반해 상대적으로 거미의 입장에서 보면 거미줄을 쳐야 먹이를 구할 수 있게 된다. 시인이 말하고자 하는 것은 바로 이 상반되고도 기묘한 삶의 이중 논리를 전달하는 데 있다.

501호 간호 병동 익은 누에 살고 있다

마른 숨 몰아쉬며 가까스로 허물 벗는

한 가닥 명주실 뽑아 은빛 수의 짓고 있다

이 작품은 한 사람의 삶을 마감하려는 병실 모습과 넉 잠을 모두 자고난 누에가 성충이 되기 전에 자신의 몸에서 실을 뽑아 고치를 만드는 모습을 중첩시킨 「우화」 전문이다. 일반적으로 이런 소재를 선택할 때에는 자신과의 혈연관계를 중심으로 감정을 조율하는 것이 상례이다. 하지만 여기서는 그 같은 자신과의 관계성보다는 삶을 근원적으로 성찰하고 누에가 "한 가닥 명주실을 뽑아 은빛 수의"를 지어서 새롭게 거듭나는 '우화'에 견줌으로써 성역화하고 있다. 그 주인공이 어머니이던지, 아버지였는지 보다는 그 슬픔이 지닌 근원의 동질화에 초점을 둔 계산이 깔려 있다.

이상의 무작위로 단시조 네 편을 읽어보았다. 특이한 것은 시조의 원형인 3장 6구의 형식미를 온전히 고수하였다는 점이다. 배행이 자유로운 자유시의 외양을 좇아 마구잡이로 흩어놓고 심지어 3장까지 파괴하는 일부의 작태와는 달리 그의 시조는 되도록 3장 3행의 원형을 지키려는 고심이 역력하였다.

사실 배행은 인쇄문화의 실용화 이후 독자들의 관심을 시각적으로 선점하기 위한 효과적인 조치의 하나일 뿐이다. 물론 인쇄문화에 있어서 적절한 행갈이는 문자가 지닌 의미를 보완하는 효과를 거두기도 한다. 반면에 의미 없는 행갈이로 인해 오히려 의미의 단절을 초래하는 경우도 적지 않지만 관행처럼 되풀이할 뿐이다.

고시조가 줄글로 이어져 기록되어 전해지지만 배행이 문제된 적이 없었고 명시조의 요건에 행갈이가 지장을 준 경우도 없었다는 점을 감안한다면 시조는 원형의 가변적 질서 안에서 계승되는 것이 바람직하다. 문제는 내용에 있는 것이지 포장에 있는 것이 아니다. 그 점에서도 임성화의 이러한 자세는 지극히 바람직해 보인다.

4

흔히들 역사는 미래의 거울이라고들 말한다. 그만큼 지나간 역사는 인위적 왜곡을 제외하면 미래를 향한 길라잡이의 역할을 하기 때문에 객관적으로 접근하고 냉정하게 판단해야 한다. 왜곡한 역사는 픽션일지는 몰라도 역사가 아니기 때문이다. 이러한 관점에서 보면 임성화의 역사적 관심과 역사적 사실에 대한 이해는 그의 시정신을 건강하게 하는 요인이 되고 있다.

그가 역사적 사실을 인지하면서 접근한 시편들을 일독해 보자.

몇 대를 천식 앓는 미이라 동구 할배
그나마 가슴 한켠 딱따구리 집 내주고
아직도 감감 먼 소식 눈 못 감고 버틴다

책으로는 못다 쓴 마을의 묵은 전설
개화기 설핏 눈뜬 안개에 길을 잃어
일시에 덮쳐온 해일, 말도 글도 쓸려갔다

화사한 옷을 입고 거울 앞에 내가 선 듯
팔랑팔랑 푸른 하늘 꽃나비 날던 날에
저 할배 아린 가슴은 달빛 한 줄 박힌다

—「은현리 당산나무」 전문

당산나무란 마을의 수호신으로 신령이 깃들어 있다

고 생각하여 제사를 지내는 나무를 일컫는다. 지금은 다소 그 위세가 덜하겠으나 수백 년씩 된 오랜 수령의 당산나무는 한 때 많은 마을에서 영물靈物로 여겼다. 제목에 명시된 은현리는 울주군의 한 작은 부락이다. 이 마을 앞에도 이 마을의 지킴이가 살고 있다. 마을의 모든 역사를 다 꾀고 있는 당산나무는 천리를 꾀고 있는 신화 속의 할아버지와 같은 예지력과 신통력 지니고 있다. 하지만 너무 오랜 고령으로 천식이 걸린지 오래 됐고, 가슴에는 군데군데 뚫려 딱따구리들의 보금자리로 내어준 지 오래다. 그런데도 "눈 못 감고 버틴다."

돌아보면 그 오랜 시간 동안 겪은 희로애락을 어찌다 말로 표현하겠는가. 그야말로 "책으로는 못다 쓴 마을의 묵은 전설"이 아니던가. 여기서 임성화가 한 지면에서 부기한 자작시 해설을 인용해보자. "우리의 말과 글이 빼앗기고, 동네 처녀들은 이름 모를 사람들에게 끌려간 뒤로 할아버지는 하루도 편하게 잠을 자본적이 없다. 언제인가 돌아올 그들을 위해서 할아버지는 오늘도 마을 앞에 등불을 들고 서 있다." 다분히 역사 앞에, 혹은 역사적 사실 앞에 의연하고 정의롭게

살아서 역사의 증언대에 설 수 있는 「은현리 당산나무」같은 삶의 위의를 찬미하고 있다.

그에 비하면 우리 현대사의 최대 비극이었던 동족간의 전쟁이 남긴 상처를 비집고 들어간 시편도 그의 폭넓은 정신영역을 이해하는 잣대가 되어준다.

숨 막히는 긴장 뒤로 솟구치는 섬광
책 대신 총을 잡은 학도병* 일흔 한명
서로를 마주보면서 주먹 꽉꽉 쥐었다

운동장엔 호각 대신 인민군의 따발총 소리
혈육마저 갈라놓은 찢겨진 하늘 한 쪽
철모는 주인 잃은 채 봉분처럼 뒹굴었고

어머니 오늘밤이 마지막 될 것 같아요
그리운 당신 품에 편지 한 장 띄웁니다
흘린 피 자국자국에 무궁화는 피겠지요

*6 · 25 때 포항여중 전투

「부치지 못한 편지」라는 제목의 이 작품은 일명 '포

항여중 전투'로 잘 알려진 학도의용군의 참상을 다루고 있다. 영화 '포화 속으로'의 배경이 된 이 전투에서 참전한 군인들은 앳된 얼굴에 군복보다는 교복이 더 잘 어울리는 학생신분의 학도의용군이다. 기습적인 전쟁의 발발로 국군이 수세에 몰리자 펜 대신 총을 들게 된 71명의 학도병들은 1950년 8월 11일 북한군의 공격에 맞서 싸워 한 차례 적의 공격을 막아내기도 했다. 하지만 장갑차를 앞세운 적의 2차 공격으로 48명이 전사하는 참상이 빚어졌다.

시인은 그 의연하고 늠름한 대한 건아들의 애국심을 추적하고 있다. 운동장에는 죽어간 학우들의 "철모는 주인을 잃은 채 봉분처럼 뒹"굴고 어린 마음이지만 시적 화자는 극단의 위기가 눈앞에 다가와 있음을 직감하게 된다. 그래서 어머니한데 마지막일지도 모를 편지를 쓴다. "어머니 오늘밤이 마지막 될 것 같아요/ 그리운 당신 품에 편지 한 장 띄웁니다/ 흘린 피 자국 자국에 무궁화는 피겠지요." 결국 그 편지는 부치지 못하였고 전쟁이 끝난 오래 후에 보는 이의 가슴을 먹먹하게 만들었다. 소재 자체가 다소 진부하고 영화를 통한 간접적인 체험에 의존한 글감이지만 마지막에 극적인 반전을 내장함으로써 보다 폭넓은 공감대를 확보하는데 성공한 작품이다.

이처럼 임성화에게 역사적 사실은 이성적 가치기준을 확보하고 미래지향적 길라잡이로 활용하는 단초를 제공해 주고 있다.

5

임성화의 첫 시조집이 2002년에 나왔으니 이번 시집이 나오기까지는 15년이라는 긴 경과기간이 있었다. 앞에서 언급한 대로 그는 수많은 시도와 괘도 수정, 시행착오의 과정을 스스로 선택하였던 것으로 보인다. 물론 긍정적인 면과 부정적인 면이 병존할 것이다. 첫 시조집인『아버지의 바다』가 운문댐 건설로 인해 수몰된 고향의 아픔을 노래하는 데 치중했던 것으로 기억하는 바 그의 고향사랑은 남다른 데가 있다.

이번 시조집에서도 고향이야기는 적잖은 비중을 차지하고 있다. 누구에게나 고향은 있기 마련이지만 자신의 시조에서 고향성을 중요시하고 있다는 것은 존재의 근원에 다다르고자 하는 발원과 시정신의 일관성이라는 측면에서도 시사하는 바가 있다.

청도 땅 운문댐을 가만가만 들여다보면
구름 한 단 졸고 있는 들머리 감나무 집
오늘은 손님 오려나 까치 깍깍 울어댄다

참숯 태워 끓인 쇳물 조선솥 굽던 방음리
불매불매 불러가며 접일로 정 쌓았던
그 시절 동네 사람들 하나 둘씩 다가온다

새벽 길 종종대며 장에 간 어머니는
해 떨어져 못 오시나 물안개만 피는 언덕
호야등 들고 나온 달, 묵화 속에 잠긴다

*경북 청도 운문댐에 수몰된 부락

—「방음리」 전문

「방음리」는 물론 임성화 시인의 고향마을이다. 이미 고향을 떠난 지 오래임에도 이처럼 추억 속에 남겨진 정경을 잊지 못하는 것은 운문댐 건설로 수몰되었기 때문인지 모른다. 방음리에는 원래 말음末音, 안 말음, 묵방墨方, 정상 등의 자연 부락이 속해 있었지만 행정

개편이 되면서 방음동으로 통합되었다가 다시 방음리로 고쳐졌다. 원래가 작은 마을이었지만 1996년 운문댐이 완공되어 수몰되면서 대부분의 주민이 이사를 가고 몇몇 가구만이 수몰의 아픔을 감내하며 지키는 전형적인 산촌 마을이다.

둘째 수에서 밝힌 대로 "참숯 태워 끓인 쇳물 조선솥 굽던 방음리"이기도 하였으나 '묵방골'이 지칭하는 것처럼 솔가지를 태워서 그 그을음으로 먹을 만들던 동네였다. 다만 임성화의 기억을 장식한 흑백필름에는 "새벽 길 종종대며 장에 간 어머니"가 계시지만 "해 떨어져 못 오시"는지 지금은 모습조차 보이지 않는다. 대신 댐으로 인해 항상 "물안개만 피는 언덕"에 "호야등 들고 나온 달"이 어머니의 마중을 대신하고 있다. 이미 여러 편을 고향 시조를 써왔지만 새 비에 새 풀잎 돋듯 부모님과 함께 한 기억들은 언제나 새롭게 돋아나 눈물샘을 자극한다. 마치 전설에서 깨어나듯 "묵화 속에 잠긴" 방음리가 행간마다 애잔하다.

운문은 물 샐 틈 없이 적막 가둬 놓았다
면소재지 버스정거장 차표 쥔 어르신 몇

수몰 된 옛길을 따라 버스 올까 기다린다

기러기 줄을 지어 첩첩 산 넘어 갈 때
물안개 휘장 걷고 얼굴 내민 물속 마을
손 덥석 잡는 홍 노인 '아이고 니 오나' 한다

까치 우는 설날 와도 세배 받을 사람 없고
행여나 소식 올까 팔 벌린 먹감나무
외로운 점멸등만이 소 눈처럼 껌벅인다
–「물속 정거장」 전문

위에서 살펴본 「방음리」와 궤를 같이 하는 작품이다. 첫 수 도입부에서 시인은 "면소재지 버스정거장 차표 쥔 어르신 몇"과 함께 "수몰된 옛길을 따라" 고향을 찾아간다. 그리고 둘째 수에 오면 "물안개 휘장 걷고 얼굴 내민 물속 마을"에 도착하게 된다. 세월이 가도 얼굴을 알아보고는 "손 덥석 잡는 홍 노인"이 "아이고 니 오나" 하고 반긴다. 이 대목에서는 사투리가 외려 더 정겹게 다가온다.

하지만 그런 인사쯤은 그나마 행운이어서 더 이상의

기대는 꿈에서나 가능한 것이다. 셋째 수에서는 "까치 우는 설날 와도 세배 받을 사람 없고" "외로운 점멸등만이 소 눈처럼 껌벅"이기 때문이다. 정거장이 물속에 잠겼으니 그 정거장을 이용할 마을사람들 또한 물속에 잠기고 "행여나 소식 올까 팔 벌린 먹감나무"만이 덩그렇게 남겨져 있다.

문명의 이기에 굴복당하여 하나하나 해체되는 마을이 늘어가고 있다. 마을의 해체는 궁극적으로 생존기반의 해체로 연결되어 생태계의 황폐화와 직결된다는 것이 학자들의 중론이고 보면 결코 외면해서는 안 될 시대적 과제이다.

비록 고향 마을의 실상을 되돌아보며 안타까움을 토로하는 방식에 그치고 말았지만 인류에 의한 자연의 파괴는 고발되어야 마땅하다. 그리고 신속하고 효과적인 보완책이 마련되어야 한다. 반드시 머리띠를 두르고 거리에 나서야만 진보적이고 저항정신이 투철한 것만이 아니다. 독자의 가슴에 잔잔한 파동으로 다가가서 공감대를 이끌어 내는 일 또한 진정한 자연 사랑이다. 이 넋두리 같은 자해自害 또한 임성화식 사랑이다.

이 밖에도 고향을 향한 노래는 여기저기서 "왔다 가는 인연 한 장 낙엽이라 해 두면/ 봄은 또 저만치에서 새싹 틔워 다가"(「운문산 가을」세째 수)와 임성화의 시조 행간을 혹은 부추기고 혹은 주저앉히기도 한다.

6

지금까지 임성화 시인의 두 번째 시조집『겨울 염전』을 일별하였다. 오랜만에 묶은 시조집이어서 기대 반, 우려 반이었던 처음의 조바심만큼 그 또한 많이 고민하고 적잖게 방황한 흔적이 역력하다. 첫 시조집을 낸 다음 무작위로 떨쳐나가도 싶었던 가슴 뜨거운 에너지가 보다 더 정제되고 함축된 시조의 율격구조를 깨뜨리고 싶은 충동과도 맞닥뜨린 듯하였다. 또한 시조가 지닌 오랜 질서의 엄격성 자체에도 회의를 느꼈을성 싶기도 하였다. 어쩌면 어느 순간부터 갑자기 시조에 대한 저항심으로 고뇌하였던 것은 아닐까 싶기도 하였다.

물론 이 같은 추측은 터무니없는 억측일 수도 있다. 중요한 것은 이제 그간의 물음들로 인해 그의 시조가 보다 시조다워졌다는 점이다. 그리고 사유 또한 깊어

지고 이미지의 전개가 성숙되었다. 시조는 모름지기 시조다워야 한다. 누가 뭐라 해도 시조는 우리 모국어가 이룩한 가장 품격 높고 가장 성공한 문학 장르이다. 제각기 다른 음절 하나하나에 뜻이 담긴 모국어로 쓰인 문학인 것이다. 그러므로 시조다운 시조야말로 지금 우리에게 가장 절실한 과제 가운데 하나이다. 간단없는 자문과 자답사이에서 오랜 시간 고뇌한 임성화의 시조에서 우리가 그 가능성을 보았다는 것은 수확이다.

그렇다고 그의 시조가 특별한 사상적 기저나 가치관의 확보로 인해 자신의 외모 안에 안착 되었다는 의미는 아니다. 그는 여전히 다변화하는 감성의 조정을 받고 조율되지 않은 색깔과 모양을 드러낸다. 경우에 따라서는 감정의 변화추이에 따라 물상의 정체성을 왜곡하기도 하고 자신의 논리로 제압하기도 한다. 이는 아직도 그의 열정은 뜨겁고 그의 오기는 칼같이 서늘하다는 반증이다. 분명한 것은 그럼에도 불구하고 시조의 형식질서에 대한 이해는 누구보다도 엄격하다는 점이다. 이러한 준열한 시정신을 발견할 수 있었다는 점이 이번 시조집이 거둔 큰 수확이라 하겠다.

분석적인 측면에서 접근하면 이번 시조집은 임성화적 시각으로 바라본 시대와 이웃들에 대한 진단서라 하겠다. 의사가 인체를 진찰한다면 시인은 시대와 시대정신을 진찰함이 마땅하다. 그것은 또한 독자와 사회가 시인에게 보내는 기대심리이기도 하다. 이웃들과의 관계성 설정과 실천자로서의 시대정신을 점검하는 일이야말로 자아실현을 향한 바로미터라 하겠다. 이제 남은 과제는 처방을 내리는 일이다. 오랜 기간의 방황과 모색에 박수를 보내며 보다 지혜로운 대답을 이끌어 낼 것으로 기대한다.